KUNST UND WIR 9

von

Margit Schmitt

wolf verlag

Was verbirgt sich wohl hinter den
Buchstaben des Titels?

Abbildungsverzeichnis:

6 Bild 1: Baum I, 1909/10, Reißkohle auf Papier, 31 x 44 cm; Bild 2: Baum II, 1912, Reißkohle auf Papier, 50 x 84 cm; Bild 3: Der graue Baum, 1912, Öl auf Leinwand, 78 x 107 cm; Bild 4: Blühender Apfelbaum, 1912, Öl auf Leinwand, 76 x 106 cm; Bild 5: Komposition Nr. 3, 1912/13, Öl auf Leinwand, 95 x 80 cm; alle Bilder: Gemeentemuseum Den Haag, ©Mondrian/Holtzman Trust c/o Beeldrecht, Amsterdam, Holland/VG Bild-Kunst, Bonn 1999 · **7** Archiv für Kunst und Geschichte, Berlin, ©Mondrian/Holtzman Trust c/o Beeldrecht, Amsterdam, Holland/VG Bild-Kunst, Bonn 1999 · **8** Vignettenformen aus PAN 4/1897 (o.,u.r.)/ PAN 4/1899 (m.)/ Lilie, um 1860, Japan (u.l.) · **9** ©VG Bild-Kunst, Bonn 1999 · **10** P. Ferstl, Pettendorf (E)/H. Schindlbeck, Regensburg (C) · **11** P. Ferstl, Pettendorf (M) · **12** Wassily Kandinsky: Impression III (Das Konzert), 1911, Öl auf Leinwand, 77,5 x 100 cm, Städtische Galerie im Lenbachhaus, München, Archiv für Kunst und Geschichte, Berlin, ©VG Bild-Kunst, Bonn 1999 (o.)/Wassily Kandinsky: Improvisation 26 (Rudern), 1912, Öl auf Leinwand, 97,2 x 107,5 cm, Städtische Galerie im Lenbachhaus, München, Archiv für Kunst und Geschichte, Berlin, ©VG Bild-Kunst, Bonn 1999 (u.) · **13** Wassily Kandinsky: Komposition VII (Entwurf), 1913, Öl auf Leinwand, 100 x 140 cm, Städtische Galerie im Lenbachhaus, München, Artothek, Peissenberg (Joachim Blauel), ©VG Bild-Kunst, Bonn 1999 **14** Öl auf Holz, 114 x 155 cm, Wien, Kunsthistorisches Museum, Bildarchiv Preußischer Kulturbesitz, Berlin (o.l.) /MEV-Verlag Augsburg (o.r.) · **15** Bildarchiv Preußischer Kulturbesitz, Berlin (Hélaine, o.)/Archiv für Kunst und Geschichte, Berlin (u.), ©L&M Services B. V. Amsterdam 200 107 · **16** Emil Nolde, Doppelbildnis, 1937, bearbeiteter Holzstock, 31,8 x 22,8 cm, Graphische Sammlung der ETH, Zürich, ©Nolde-Stiftung Sebüll · **17** (Schiefler-Mosel 139II), ETH, Zürich, ©Nolde-Stiftung Seebüll **19** B. Nieschlag-Spicale, Ettlingen · **20** MEV-Verlag, Augsburg · **21** Dauerleihgabe der Sammlung Lawrence Schoenberg, Los Angeles, Archiv für Kunst und Geschichte, Berlin, ©VG Bild-Kunst, Bonn 1999 · **23** Archiv für Kunst und Geschichte, Berlin, ©VG Bild-Kunst, Bonn 1999 · **25** The Art Institute of Chicago, ©Demart pro Arte B.V./VG Bild-Kunst, Bonn 1999 · **26** Archiv für Kunst und Geschichte, Berlin/Roche, ©VG Bild-Kunst, Bonn 1999 · **27** M. Klant, Freiburg, ©VG Bild-Kunst, Bonn 1999 · **29** F. Plessi, Venedig **30** ©VG Bild-Kunst, Bonn 1999 (l.)/Statens Museum for Kunst, Kopenhagen, ©Succession H. Matisse/VG Bild-Kunst, Bonn 1999 (m.)/Sammlung Ercole Grisani, Mailand (r.) · **31** ©VG Bild-Kunst, Bonn 1999 · **32** Bildarchiv Preußischer Kulturbesitz, Berlin **33** © Bilderberg, Hamburg (W. Volz) · **34** Rheinisches Bildarchiv, Köln, ©Estate of Dan Flavin/VG Bild-Kunst, Bonn 1999 **36** Stadtarchiv Kaufbeuren · **37** Stadtarchiv Kaufbeuren (o.,m.)/ Fremdenverkehrsverein Kaufbeuren (u.) · **38/39** ©2000 Joram Harel, Wien · **40** aus: Das total verrückte Fotostudio, Data Becker GmbH, Dortmund

Die im Verzeichnis nicht aufgeführten Abbildungen wurden von der Autorin zur Verfügung gestellt. Ein besonderer Dank gilt allen Schülern und Schülerinnen, die zur Gestaltung des Bandes beigetragen haben.

Sie finden uns im Internet unter:
www.wolfverlag.de

Bestellnummer **2 679.20**

1. Auflage ⁴ ³ 2003 02 01
Die letzte Zahl bedeutet das Jahr dieses Druckes.
Alle Drucke dieser Auflage können im Unterricht
nebeneinander verwendet werden.
Verantwortliche Lektorin: Sibylle Krämer

Nach den Regeln
R ✓
der Rechtschreibreform

ISBN 3-523-26893-1

Inhaltsverzeichnis

Blaukraut

Beim Sachzeichnen versuchen wir, ein möglichst genaues Abbild der Wirklichkeit zu erreichen.

1. Schau dir beispielsweise ein Blaukrautblatt ganz genau an. Suche eine Linie heraus und verfolge ihren Verlauf.

2. Versuche wie ein Abtast-Roboter zu zeichnen: Deine Augen wandern dem Verlauf der Linie nach und deine Hände zeichnen auf, was deine Augen sehen (gerade Linien, Bögen, Richtungsänderungen, Verdickungen, Verzweigungen). Nur zur Groborientierung solltest du auf dein Zeichenblatt sehen.

Du wirst merken, dass deine Zeichnung dem Gegenstand weit mehr gerecht wird, wenn du nicht aus dem Gedächtnis zeichnest, sondern dich auf die Formen des Blattes konzentrierst.

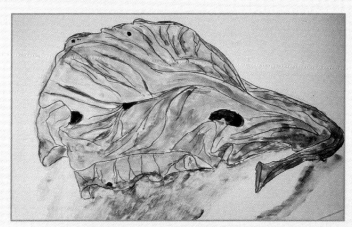

3. Übe diese Art des Zeichnens an vielen Beispielen, wie Wurzeln, Herbstblättern, Gemüsearten und Blumen.

4. Versuche die feinen Farbtöne des Blaukrauts darzustellen.

5

Bäume – Räume

Piet Mondrian

Der niederländische Maler (1872 – 1944) gehört zu den wegweisenden Vorkämpfern des 20. Jahrhunderts für eine neue, abstrakte Malerei. Die bildnerische Sprache in seinem Werk ist ausschließlich die gerade Linie, der rechte Winkel und die drei Primärfarben Rot, Gelb und Blau sowie die Nichtfarben Weiß, Grau und Schwarz. Diese starke Vereinfachung sollte die Kunst reinigen und von der sinnlichen Wahrnehmung des Betrachters wegführen zu einer unabhängigen Kunst.

Vom Naturvorbild zur abstrakten Bildidee

Im ersten Bild dieser Bildreihe ist die natürliche Form eines Baumes in den Raum Himmel hineingezeichnet.

In Bild 2 verdichtet sich das Gewirr der Äste und löst sich im Raum auf. Raum und Himmel verschmelzen.

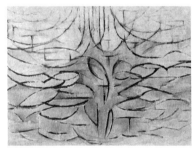

Die Linien dienen der Gliederung des Bildraumes in Bild 3. Die exakte Darstellung des Baumes verschwindet zugunsten des *Prinzips Baum.*

Im vierten Bild sehen wir die Linien und Zwischenräume fast geometrisch angeordnet. Die Schwünge der einzelnen „Äste" ergeben einen Rhythmus und übersetzen den Natureindruck in die Sprache des Künstlers.

Das letzte Bild dieser Reihe zeigt uns eine Linienkomposition im Hochformat. Die Verästelung ist in den abstrakten Formen ebenso zu erkennen wie die Verdichtung in der unteren Bildmitte. Form und Raum halten sich im dynamischen Gleichgewicht.

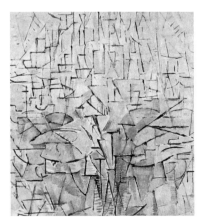

1. Beschreibe die Veränderungen in der Bildreihe der Bäume von Piet Mondrian.

2. Erkläre den Begriff „abstrahieren".

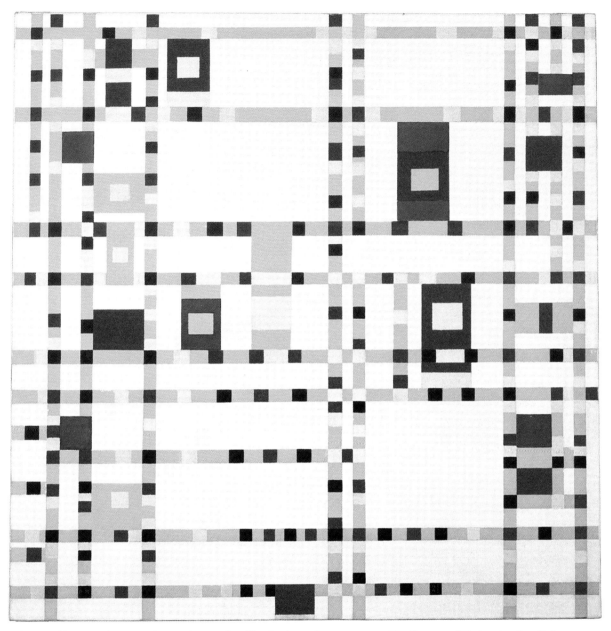

Piet Mondrian: Broadway Boogie-Woogie, 1942/43, Öl auf Leinwand, 127 x 127 cm, The Museum of Modern Art, New York

Der „Broadway Boogie-Woogie" ist das letzte Gemälde von Piet Mondrian. Er gliederte die quadratische Grundform in Streifen und Flächen, in eine Vielzahl von kleinen Quadraten und Rechtecken in den drei Grundfarben. Das ergibt eine ungewohnte Unruhe und Bewegtheit, einen zuckenden Rhythmus, der mitreißt. So hat er das pulsierende Leben am Broadway von New York mit seinen Lichtreklamen in abstrahierter Form wiedergegeben.

Pflanzenornamente des Jugendstils

Das Ornament des Jugendstils geht oft von Naturvorbildern aus. Die Naturform wird dabei stark vereinfacht und abstrahiert. Das Objekt, wie hier die symbolträchtige Lilie, wird zur flächigen, dekorativen Ornamentform, zur Vignette.

1. Betrachte die Vignettenformen genau und überlege, von welcher Naturform sie abgeleitet wurden.

2. Versuche eine Blumengirlande oder eine besondere Vignettenform für dein Briefpapier zu entwerfen.

Lexikon

In Deutschland versteht man unter *Jugendstil* die Kunstströmung um 1900, die sämtliche Bereiche des Kunstlebens wie Architektur, Möbel, Metallarbeiten, Innenausstattung, Geschirr, Schmuck, Glaskunst, Malerei und Grafik umfasst.

Der Name entstand nach der Zeitschrift *Jugend*, die 1898 in München erschien. Ein charakteristisches Element der neuen Kunst war das rankende Pflanzenornament, das stark stilisiert wurde.

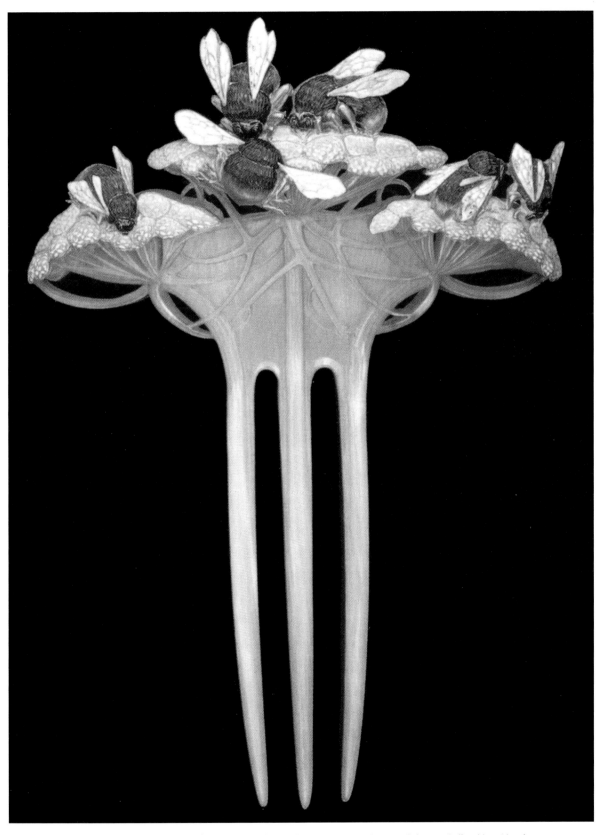

René Lalique: Haarkamm mit Bienen, 1901/02, Horn, Gold, Email, 16 x 11,5 cm, Museum Calouste Gulbenkian, Lissabon

Hände, Hände ohne Ende . . .

Die Hand aus Silberblech wurde von einem Pilger an einem Wallfahrtsort abgegeben, weil seine Bitte um Genesung erfüllt wurde. Dieses Zeichen nennt man **Votivgabe**.

A  Kultur-Szene

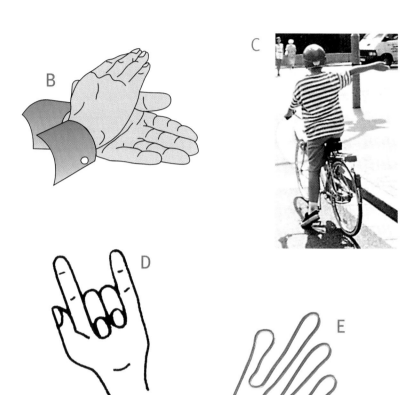

B

C

Sich die Hand geben bedeutet auch, sich auf den anderen verlassen können. Die Geste auf dieser Streichholzschachtel wurde zum **Markenzeichen,** das Sicherheit verspricht.

Der erhobene Zeigefinger gehört Lehrer Lämpel aus der Max und Moritz-Geschichte. Diese **Karikatur** spöttelt über einen Erziehungsstil.

D

E

Dieses **Piktogramm** weist auf die Möglichkeit des Händewaschens hin.

Der Cursor auf deinem Computerbildschirm erscheint manchmal in der Form einer kleinen Zeigehand. Der Pfeil hingegen ist ein **abstraktes Zeichen.**

F

Das Handzeichen ist ein abgesprochenes **Signal** im Straßenverkehr, wenn du mit dem Fahrrad abbiegst.

G

H

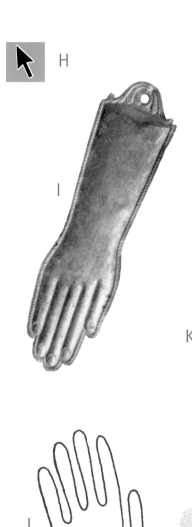

I

J

K

L

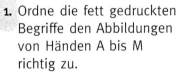

M

Manchmal bekommen Körperteile tiefe religiöse Bedeutung. Dieser alte mexikanische Stempel ist ein **Symbol** in Form einer Hand. Das Abbild wird zum Sinnbild.

Die Hand der Fatima ist im Islam ein beliebtes Schmuckstück. Man sagt, dass es die Trägerin vor bösen Blicken schützt. So ein Zeichen nennt man auch **Talisman.**

Im Gegensatz zur heilbringenden Hand gibt es auch **Gesten** der Verschwörung und des Unheils, z. B. die Teufelshand, die eine gehörnte Gestalt darstellt.

Aus dem Computer stammt das **Clipart-Zeichen**, das Beifall bedeutet.

Weil man aus Draht nicht die Naturform der Hand nachbilden kann, muss man sie vereinfachen (**stilisierte Hand**).

Als **Textzeichen** markiert diese Zeigehand in der Zeitung die Rubrik Kultur-Szene.

1. Ordne die fett gedruckten Begriffe den Abbildungen von Händen A bis M richtig zu.

2. Eine Hand bleibt übrig. Woher stammt sie und was könnte sie bedeuten?

3. Denke über die Begriffe Bild, Zeichen, Piktogramm, Symbol, Signal, Karikatur, Markenzeichen und abstraktes Zeichen nach.

4. Entwirf einen originellen Wegweiser, bei dem eine Hand zu sehen ist.

Wassily Kandinsky

Wassily Kandinsky (1866 – 1944) in Moskau geboren, studierte zunächst Jura und kam 1896 als Künstler nach München. Dort gehörte er der Künstlervereinigung *Der Blaue Reiter* an. Er sagte: „Es gibt keinen größeren Irrtum als den Glauben, die sorgfältige Abbildung der Natur sei Kunst." Kandinsky wurde zum Begründer der abstrakten Malerei. Die Jahre 1910 – 1914 kann man im Rückblick als seine Geniezeit bezeichnen.

Kandinsky teilte seinen Werkkatalog in drei Gruppen ein. Einige seiner Bilder bezeichnete er als
Impressionen.

In diesen Bildern verarbeitete er Eindrücke aus der Natur und seiner Umgebung. Das Bild *Impression III (Konzert)* von 1911 lässt einen schwarzen Konzertflügel erkennen. Wichtig sind jedoch die Farben, die uns an diesem musikalischen Genuss teilnehmen lassen.

Eine weitere Gruppe seiner Bilder nannte Kandinsky
Improvisationen

und wählte damit wieder einen musikalischen Begriff. Einer inneren Natur folgend bringen diese Bilder spontan und impulsiv seine Einfälle und seine Gemütslage zum Ausdruck. Die Erkennbarkeit der Dinge ist im Beispiel *Improvisation 26 (Rudern)* von 1912 nicht mehr wichtig. Das freie Spiel mit Form und Farbe ist zur Bildidee geworden.

Seinen
Kompositionen

sind meistens eingehende Studien und Entwürfe vorangegan-
gen. Das Beispiel hier zeigt eine Studie, genauer gesagt den
2. Entwurf zu *Komposition VII* von 1913. Es existieren etwa
15 Varianten und 30 Zeichnungen, Aquarelle und Skizzen der
Gesamtkomposition. Was wie zufällig aussieht, ist genau auf
die Bildwirkung hin geplant und kalkuliert. Das große
Gemälde wurde in nur drei Tagen vollendet. Der malerische
Reichtum zeigt sich in einer Welt voller Einfälle. Wie ein
Komponist folgt Kandinsky den musikalischen Gesetzen der
Wiederholung, Umkehrung, Abwandlung und wechselnden
Rhythmen. Er sagt: „Es wurde mir klar, dass Malerei die
gleiche Macht wie Musik besitzt."
Kandinsky schreibt in seiner Schrift *Über das Geistige in der
Kunst*: „Im Allgemeinen ist also die Farbe ein Mittel, einen
direkten Einfluss auf die Seele auszuüben. Die Farbe ist die
Taste. Das Auge ist der Hammer. Die Seele das Klavier mit
vielen Saiten. Der Künstler ist die Hand, die durch diese oder
jene Taste zweckmäßig die menschliche Seele in Vibration
bringt."

1. Findest du Gesetz-
mäßigkeiten der Farblehre
in diesen Bildern?

2. Beschreibe deinen persönlichen Eindruck beim
Betrachten dieser Gemälde.

3. Komponiere ein abstraktes
Bild zu deiner Lieblings-
musik.

Robert Delaunay – Blick aus dem Fenster

P. Breughel d. Ä.: Der Turmbau zu Babel, 1563

Chrysler Building, New York

Robert Delaunay (1885–1941) wurde in Paris geboren. Schon als Kind bewunderte er den Eiffelturm, eine 318 Meter hohe Stahlkonstruktion, die der Ingenieur Gustave Eiffel anlässlich der Weltausstellung 1889 erbaut hat. Wie schon beim Turmbau zu Babel, so auch beim Bau dieses Stahlgiganten oder bei Wolkenkratzern, wollten die Menschen beweisen, wozu sie technisch in der Lage sind.

Delaunay betrachtete den Eiffelturm von seinem Zimmer aus, das hoch über der Stadt Paris lag. Als er den Turm malte, wurde sein Fenster zum Bilderrahmen. Er stellte den Turm nicht realistisch dar, sondern zeigte mehrere Ansichten auf einmal. Wenn unser Blick am Turm hoch wandert, wirkt er gefährlich und wuchtig. Er ist so hoch, dass er gar nicht ganz ins Bildfenster passt. Die gewaltige Höhe kann man an den spielzeugartigen kleinen Häusern am Fuß des Eiffelturmes ermessen. Delaunay möchte vielleicht zeigen, dass die Sicht auf den Turm nur möglich ist, wenn man den Hals reckt und ihn mal von vorn, mal von der Seite beguckt und überlegt, wie er wohl hinten aussieht.

Delaunays Turm wirkt aber gleichzeitig auch wackelig und zerbrechlich. Ob er damit ausdrücken wollte, dass der Turm bald einstürzen würde?

Wir erkennen bei Delaunays Turm die typischen Eisen-verstrebungen des Eiffelturms, auch die Bögen zwischen den vier Stützen. Auf der rechten Seite klappt ein roter Bogen auf wie eine Faltschachtel. Weiter oben bilden Wolkenformen den Hintergrund. Fast könnte man glauben, der Maler will den Turm in Gedanken explodieren lassen und die rundlichen Formen wären die Staubwolken. Zu dem eckigen harten Stahlgerüst bilden die runden Wolken einen starken Kontrast. Auch die zum Teil warme, kräftige Farbgebung des Turmes im Vergleich zu dem kalten, blassen Himmel unterstreicht diesen Gegensatz.

Der Eiffelturm in Paris, Foto um 1905

1. Beschreibe Delaunays *Eiffelturm* mit eigenen Worten.

2. Vergleiche Foto und Bild vom Eiffelturm.

3. Schaue durch verschiedene Fenster und suche dir selbst Bildmotive.

So ein riesiges Bauwerk kannst du lange und sehr genau in allen Einzelheiten betrachten. Immer wieder entdeckst du etwas Neues. Der Fotoapparat liefert uns in Sekundenbruchteilen ein Lichtbild. Unser menschliches Auge liebt es aber, spazieren zu gehen und zu verweilen. Maler stellen dar, was der Fotoapparat nicht zeigen kann: menschliche Empfindungen, Träume und Ideen.

Robert Delaunay: Eiffelturm, 1910, Öl auf Leinwand, 196 x 129 cm, Kunstmuseum, Basel

Der Holzschnitt im Expressionismus

Emil Nolde (1867 – 1956) war ein bedeutender Vertreter des Expressionismus. Neben seiner Malerei faszinierte ihn die Technik des Holzschnittes. Auf dem Druckstock kannst du sehen, wie er die Formen der beiden Gesichter mit Schnitzwerkzeugen herausgearbeitet hat. Die Holzmaserung kann man in Noldes Drucken deutlich erkennen. Er spielte mit dem Schwarzweiß-Kontrast. Linien und Flächen stehen sich spannungsreich gegenüber. Der starke Ausdruck der Gesichter, die Nolde oft bis ins Maskenhafte steigert, wird durch die breiten Konturen und die plakative Komposition erreicht.

1. Entwirf eine Maske, zeichne sie spontan auf ein glattes Holzbrett und schneide das Motiv mit Schnitzmessern und Stemmeisen aus. Spanne das Brett dabei sicher ein. Färbe die Druckfläche mit einer Farbwalze schwarz ein und lege ein Blatt Papier darauf. Reibe das Papier auf dem Druckstock mit einem umge- drehten Kaffeelöffel ab.

2. Vergleiche die Technik des Linolschnittes mit dem Holzschnitt.

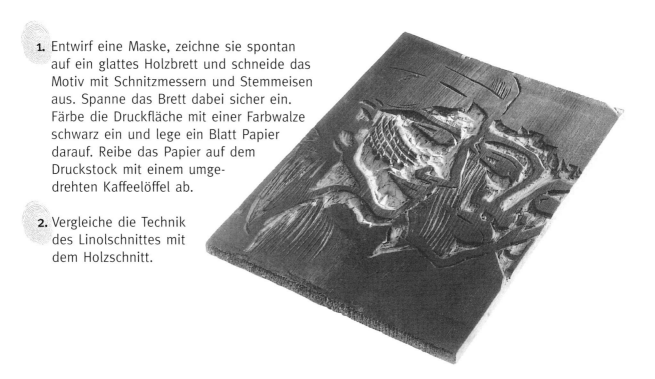

Lexikon

Unter *Expressionismus* verstehen wir heute die Kunstrichtung, die sich Anfang dieses Jahrhunderts durchsetzte. Der Name kommt vom lateinischen *expressio* = Ausdruck. Die Expressionisten setzten ihre Erlebnisse leidenschaftlich und spontan in ausdrucksstarke Bilder um. Der individuelle Ausdruck und die Selbstverwirklichung waren wichtig, nicht die naturgetreue Abbildung. Die Bilder waren oft von plakativer Leuchtkraft, die Konturen wurden vereinfacht, die Pinselstriche kräftig und großflächig angelegt. Die Maler nahmen Deformationen und perspektivische Verzerrungen in Kauf, um der inneren Bewegtheit während des Malvorganges Ausdruck zu verleihen. Eine wichtige Rolle innerhalb des Expressionismus spielte die Grafik, wobei neben Zeichnungen auch Holzschnitte im Mittelpunkt standen.

Emil Nolde: Doppelbildnis, 1937, Holzschnitt, 40,5 x 31 cm, 7. von 125 Exemplaren, Graphische Sammlung der ETH, Zürich

Musikalische Malerei

Musikalische Hörerlebnisse zu malen und zu zeichnen ist nicht ganz einfach. Zunächst muss man sich in die Musik vertiefen, die man darstellen möchte. Manche Menschen verbinden Töne, die sie hören, mit Farben, besonders wenn sie die Augen schließen. Dann entstehen vor dem inneren Auge Farbzusammenstellungen, aber auch Formen und Bewegungsspuren, die man zu Papier bringen kann.

Experimente von Schülerinnen und Schülern einer 9. Klasse:

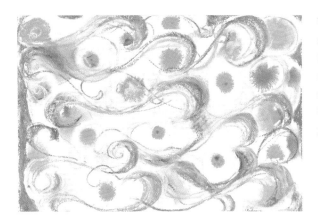

Wir lauschen gerne den Wassergeräuschen, der lyrischen Sprache der Natur. Leises Rauschen, feines Sprudeln, lustiges Gluckern und Blubbern verführt zum Träumen. Hier hat ein Schüler die Geräusche einer sprudelnden Quelle in der Nass-in-Nass-Technik zu Papier gebracht.

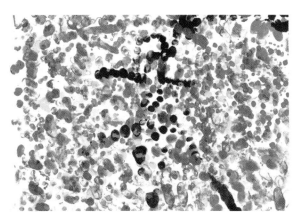

Hier sehen wir Bewegungsspuren zu Trommelklängen aus dem afrikanischen Urwald. Die Schülerin tupfte zum Rhythmus der Holztrommeln mit ihren Fingern auf ihr Blatt und wählte die bunten Farben Afrikas für ihr Bild.

Wir hören die Musik eines Strauß-Walzers und versuchen uns mit geschlossenen Augen in die Lage des Dirigenten zu versetzen. Dabei wird uns der Rhythmus des Stückes auf neue Art bewusst. Später können wir die Handbewegungen mit Farbkreiden zu Papier bringen.

Male Bilder in passender Technik zu einer Musik, die dir besonders gut gefällt.

John Dowell: Hill Spray, 1972, Aquarell, Tusche, 76 x 56,2 cm, Sammlung Beate Nieschlag-Spicale, Ettlingen

Stimmungsbilder – Farbstimmungen

Stimmungen und Gefühle sind einerseits empfindliche und zarte Regungen der Seele. Andererseits kennen wir auch heftige Gefühlsausbrüche, die sich in Wut und Aggression ausdrücken. In Bildern können sich Gemütszustände widerspiegeln.

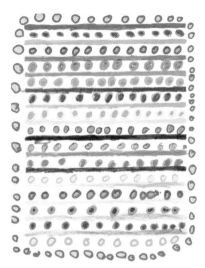

1. Betrachte die Stimmung auf dem Foto. Was fällt dir spontan ein? Welche Gefühle steigen in dir hoch?

2. Diesen Farbbrief hat ein kleines Mädchen seiner Lehrerin geschrieben. Was könnte in dem Brief stehen?

3. Bilder können auch tiefe und geheime Gefühle ans Tageslicht bringen. Das Bildnis von Arnold Schönberg nebenan in der Kunst-Galerie zeigt uns ein Gesicht. Was können wir darin lesen?

4. Versuche zu dem Gedicht von Christian Morgenstern ein Bild zu gestalten.

Gruselett

Der Flügelflagel gaustert
durchs Wiruwaruwolz,
die rote Fingur paustert,
und grausig gutzt der Golz.

Arnold Schönberg: Der rote Blick, 1910, Öl auf Karton, 32 x 25 cm, Städtische Galerie im Lenbachhaus, München

 „Mein Werk soll sein wie ein Gedicht,
das ein Maler in Musik umgesetzt hat."

Joan Miró ist einer der wichtigsten Künstler des 20. Jahrhunderts.
Er arbeitete als Maler, Grafiker, Bildhauer und Keramiker, schuf
Großplastiken, Plakate und Figuren für das Theater. Miró wurde
1893 in Barcelona (Spanien) geboren. In seiner Jugend erlebte er
Zeiten tiefer Traurigkeit. Erst als er sich gegen den Willen seines
strengen Vaters der Kunst widmete, ging es ihm besser. In der
künstlerischen Auseinandersetzung fand er ein Ventil für seine
Gefühle und Stimmungen. In seinen Bildern finden wir viele
Symbole und heiter verschlüsselte Figuren, die ein bewegtes
Eigenleben führen.

„Meine Menschenfiguren haben die gleichen
Vereinfachungsprozesse durchgemacht wie meine
Farbskala. In ihrer Vereinfachung sind sie
menschlicher und lebendiger, als wenn ich sie mit
allen Details darstellen würde."

Miró hat die Freude am spielerischen Erfinden und das Gespür
eines Kindes bis ins hohe Alter bewahrt. Seine Bilder wirken
leicht geheimnisvoll. Wir sollten uns ihnen unbefangen nähern
und uns an den Linien, Zeichen und Formen aus dem Reich der
Fantasie freuen.

„Man sollte an einem Bild immer wieder etwas
Neues entdecken können, so oft man es ansieht."

Miró ließ sich nicht gerne als abstrakter Maler bezeichnen.
Er bezeichnete sich selbst dagegen als Gärtner, der in seinem
Kunstgarten seine Bilder wachsen und gedeihen lässt.
Bis zu seinem Lebensende 1983 arbeitete er auf Mallorca. Sein
Atelier kann man heute noch besichtigen. Es ist dort alles noch
so vorzufinden, wie es der Meister verlassen hat.

„Alles auf meinen Bildern, Sonne, Mond und Sterne,
Pflanzen und Tiere, Hieroglyphen, Zeichen und
Spiralen - sie alle kommen aus der Welt des
Wirklichen. Man erfindet nichts, alles ist da."

Betrachte Mirós Bild „Tänzerin II". Beschreibe es mit Worten. Erfinde eine Musik, die zu diesem Bild passt. Du kannst auch ein surreales Gedicht schreiben.

Joan Miró: Danseuse II (Tänzerin II), 1925, Öl auf Leinwand, 115,5 x 88,5 cm, Sammlung A. Rosengart

Lexikon

Surreal (surrealistisch) heißt unwirklich oder überwirklich. Im *Surrealismus,* einer bedeutenden Bewegung der modernen Kunst, wurden Träume und Vorstellungen aus dem Unterbewusstsein zu irrationalen Bildern verarbeitet. Die Welt der Fantasie wurde zu einer neuen Wirklichkeit, die neben der logischen Verstandeswelt ebenso ihre Berechtigung hatte. Die wichtigsten Surrealisten sind Joan Miró, Max Ernst, Salvador Dalí, René Magritte, Marc Chagall und Alberto Giacometti. Als Vorläufer dieser Kunst kann man Hieronymus Bosch oder auch Giuseppe Arcimboldo nennen.

Traumhafte Bildanlässe

Traumkompositionen

Manchmal passieren dir im Traum ganz verrückte Sachen, die so in der Realität nicht sein können. Nehmen wir einmal an, dass du im Traum an fünf verschiedene Sachen gedacht hast, z. B. an einen Flügel, an einen Buchstaben, an ein Riesenauge, an ein Glas Wasser, an einen Krebs.

1. Ordne die geträumten Gegenstände auf deinem Bildformat an. Selbstverständlich kannst du die Dinge auch vervielfachen oder noch weitere Sachen dazufügen. Gib deinem Bild eine besondere Farbstimmung, indem du Farbgruppen auswählst, z. B. reine, kräftige Farben, mit Weiß vermischte Töne, Erdfarben oder Grautöne.

Cadavre Exquis

Einige Surrealisten um André Breton wollten Bilder aus dem Unterbewussten entwickeln. Sie dachten sich Techniken und Spiele aus, die das Traumhafte, das Unlogische und Absurde aus ihrem Unterbewusstsein hervorbringen sollten.
Ihr kennt sicher das Gesellschaftsspiel, bei dem jeder Mitspieler ein Wort eines Satzes auf einen Zettel schreibt, ihn danach faltet und weitergibt. Wenn z. B. sieben Personen mitspielen, dann könnte der Satz so lauten:

Der köstliche Leichnam trinkt den jungen Wein

Diesen verrückten, völlig unlogischen Satz stellten die Künstler in Paris als Ersten zusammen. Sie nannten das Spiel deshalb „Cadavre Exquis" = „köstlicher Leichnam". Dieses Spiel diente Ihnen als Anregung für ihre surrealen Bilder, in denen das Unsinnige zum Thema wird.

2. Finde weitere skurrile Sätze und versuche davon Bilder zu malen.

Salvador Dalí: Mae West, 1934/35, Gouache auf Fotodruck, 31 x 17 cm, The Art Institute of Chicago

Kinetische Objekte

Jean Tinguely: L'Avant-Garde, 1988, Skulptur, Tinguely-Museum, Basel

Jean Tinguely

Der Schweizer Objektkünstler Jean Tinguely lebte von 1925 bis 1991. Er stellte fast ausschließlich bewegliche und oft auch motorisierte Konstruktionen aus Metallteilen im Sinn der kinetischen Kunst her. Seine witzigen, skurrilen Maschinen, die auch Geräusche hervorbringen, drücken einerseits die Faszination des Maschinenzeitalters aus, zeigen aber auch ironisch ihre Nutzlosigkeit und Lächerlichkeit.

Niki de Saint Phalle

Die französische Künstlerin (geb. 1930) war seit 1961 mit Tinguely verheiratet. Ihre Kunstwelt bevölkern Ungeheuer, Monster aus Mythen verschiedener Kulturkreise und Gestalten, die sie aus Comics entlehnte. 1964 entstanden ihre berühmten Nanas, sinnenfreudige, knallbunte Riesenfrauen aus Polyester, die den Fruchtbarkeitsgöttinnen alter Kulturen ähneln.

1. Denke dir Objekte und Figuren aus, die sich mittels Kurbeln bewegen lassen.

2. Gestalte aus Zeitungspapier und Tapetenkleister fantasievolle Figuren und male sie mit Dispersionsfarben bunt an.

Niki de Saint Phalle/Jean Tinguely: La Fontaine Igor Strawinsky (Ausschnitt), Paris, 1983

Die Brunnenanlage *La Fontaine Igor Strawinsky* neben dem
Centre Georges Pompidou in Paris ist eine Gemeinschafts-
arbeit von Niki de Saint Phalle und Jean Tinguely.
Sie besteht aus insgesamt 16 Plastiken, die teilweise direkte
Anspielungen auf Figuren in Strawinskys Musikwerken
darstellen.

Fabrizio Plessi

„Video und Wasser sind Komplizen", sagt der italienische Künstler, „beide sind flüssig, transparent und mobil."

Fabrizio Plessi, geboren 1940 in Reggio Emilia (Italien), hat zum Wasser einen engen persönlichen Bezug. Er wohnt in einem Palazzo am Canale Grande in Venedig. Das Meer, die Lagune, die Geräusche des rauschenden, strömenden und fließenden Wassers sind für ihn zum Sinnbild des Lebens geworden. Das Werden und Vergehen sind im Wasserkreislauf sichtbar.

Plessi hat das fließende Wasser in Videoaufnahmen konserviert. Er montiert beispielsweise einen blauen Bildschirm mit einem immer fortlaufenden Wasserfilm auf den Grund eines Brunnens. Der Betrachter beugt sich über den Brunnenrand und sieht voll Neugierde - Wasser! Wirklichkeit und Täuschung berühren sich in der Kunst des Videoplastikers. Das „als ob" und „anstatt" bestimmt seine Video-Installationen. Plessi versteht sich als Bildhauer, der die Videotechnik wie eine Modelliermasse benutzt.

Plessi mag seine Kunst nicht mit Worten erklären. Er meint: „Die Leute merken schon, wie es gemeint ist. Meine Dinge sind einfach zu verstehen."

Die Kunst-Galerie zeigt eine gigantische Mühlradkonstruktion, in der man auf 30 Monitoren Wasser in einen Mühlbach mit wirklichem Wasser herunterstürzen sieht. Plessi nennt diese Installation „Flüssige Zeit". 1989 wurde sie für das Centro Pecci in Prato aufgebaut.

Plessi unternimmt ausgedehnte Weltreisen und bringt aus vielen Orten Andenken besonderer Art mit. Farben der Landschaft, Strukturen von Hausmauern, besondere Architekturformen, typische Bilder eines Ortes, Dachlandschaften, Arbeitsgerät und scheinbar unwichtige, aber im Detail typische Dinge. Diese „Mitbringsel" verarbeitet er zu Zeichnungen und Installationen. So hat Plessi in der syrischen Stadt Hama die Riesenmühle gesehen, die ihn zur Installation „Flüssige Zeit" inspirierte.

1. Mach dir deine eigenen Gedanken zur Installation „Flüssige Zeit".

2. Welche „Mitbringsel" könnte Plessi in deinem Heimatort aufspüren?

Fabrizio Plessi: Flüssige Zeit (Tempo Liquido), 1989, Installation

Frottage

Die *Frottage* ist eine Durchreibetechnik. Untergelegtes Material wird sichtbar, wenn man mit Kreide oder Bleistift flächig über das Papier reibt.

Collage

Unter einer *Collage* versteht man eine Klebetechnik. Verschiedenes Material (Papier, Stoff, Folie, Fotos) wird zu einem Bild zusammengeklebt.

Assemblage

Assemblage heißt auf französisch Zusammenstellung. Durch Zusammenfügen und Aufbringen von Gegenständen entsteht ein reliefartiges Objekt.

Max Ernst (1891-1976)

nannte diese Frottage *„Der Lebenswandel der Blätter".* 1925 schuf er eine Vielzahl solcher Blätterbilder. Er experimentierte und erzielte verblüffende Bildwirkungen. Der Wechsel von räumlicher und flächiger Darstellung ist ebenso reizvoll wie der Bezug der Strukturen zur Natur. Die Frottage ist ein Verfahren, das Max Ernst neu für die Kunst entdeckt hat.

Henri Matisse (1869-1954)

Die Collage *„Zulma"* hat der Künstler 1950 im Alter von 81 Jahren aus farbigem Papier geschnitten. „In die Farbe hineinzuschneiden, erinnert mich an die unmittelbare Arbeit der Bildhauer an Stein", äußerte er sich dazu. Die Einzelformen greifen wie in einem Räderwerk ineinander und werden zu einem dekorativen Ganzen.
Das Tischbein ist durch Zusammenschieben von zwei grünen Flächen auf braunem Untergrund entstanden.

Enrico Baj (geb. 1924)

fertigte die Assemblage *„Der General"* in der Größe 146 x 114 cm. Die roboterhaft wirkende Figur ist als Karikatur zu verstehen. Die aufmontierten militärischen Requisiten verstärken die Bildaussage. Sie stammen aus der Welt des Generals und weisen ironisch darauf hin, wie es um unsere Welt steht. Viele Pop-Art-Künstler wie Ossorio, Rauschenberg, Jasper Johns oder Arman, haben mit der Technik der Montage und Assemblage Alltagsgegenstände und Verbrauchsmaterial zu Kunstwerken erhoben.

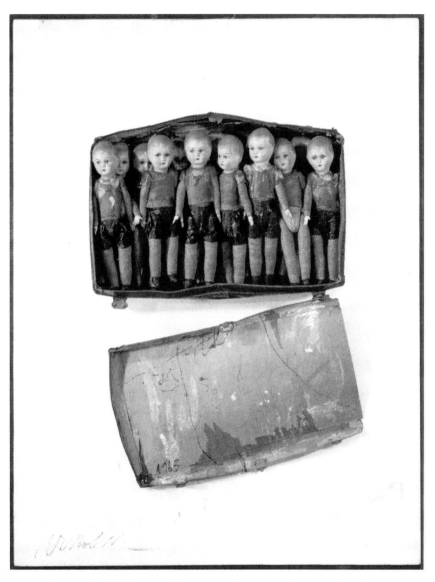

Arman: Geburtenkontrolle (Accumulation de poupées dans valise sur bois), 1963,
153 x 118 x 28 cm, Galerie Natalie Seroussi, Paris

Was will der Künstler Arman
mit dieser Assemblage
„Geburtenkontrolle"
aussagen?

Der verhüllte Reichstag

Der 1894 erbaute Berliner Reichstag hat eine wechselvolle Geschichte.

1971 bekamen die Verpackungskünstler Christo und Jeanne-Claude eine Ansichtskarte des Reichtagsgebäudes zugeschickt. Es entstand der Plan, den Reichstag zu verhüllen. Schon 1972 fertigte Christo die erste Collage „Verhüllter Reichstag" an. Von 1976 – 1995 besuchten die in New York lebenden Christos 54-mal Deutschland. In diesem Zeitraum baten sie bei sechs verschiedenen Bundespräsidenten um Genehmigung ihres Plans und führten mit 352 Bundestagsmitgliedern Einzelgespräche. Erst am 25. 2. 1994 gab der Bundestag nach einer hitzigen Debatte die Zustimmung für das Projekt. Es war das erste Mal in der Geschichte, dass in einem Parlament über die künftige Existenz eines Kunstwerkes debattiert und abgestimmt wurde. Die Vorbereitungen liefen auf Hochtouren. Das 32,2 m hohe Gebäude mit seinen vier Türmen und beiden Innenhöfen hat einen Gebäudeumfang von 663,4 m und sollte mit 100 000 qm Polypropylengewebe verhüllt werden. Zunächst wurden die Figuren des Gebäudes mit großen Stahlkäfigen geschützt. 90 Profikletterern gelang es dann, die riesigen Stoffbahnen vom Dach aus abzurollen. 15 600 m blaues Seil wurden um das Gebäude geschlungen. 120 Installationsmitarbeiter, Bürokräfte, Kameraleute und Ingenieure halfen mit, dieses Großprojekt zu verwirklichen. Zehn Firmen in Deutschland fertigten seit 1994 die Materialien nach Entwürfen der Ingenieure an. Das Kunstwerk wurde, wie alle anderen Projekte des Künstlerpaares, ausschließlich aus eigenen Mitteln finanziert.
Der Reichstag blieb für 14 Tage verhüllt. Der Abbau begann am 7. 7. 1995. Alle Materialien wurden anschließend recycled. Stoffe haben in der Kunstgeschichte immer schon Figuren verhüllt. Die Verhüllung des Reichstages steht in dieser klassischen Tradition.

Stell dir vor, du bist Abgeordneter und du diskutierst mit den Künstlern Christo und Jeanne-Claude über das Projekt. Welche Argumente für oder gegen die Verhüllung des Reichstags fallen dir ein?

Christo und Jeanne-Claude: Verhüllter Reichstag, Berlin, 1971 – 1995

Zum Beispiel Dan Flavin

Künstler	Dan Flavin
Lebens-daten	Geboren 1933 in New York. Seit 1959 beschäftigte er sich autodidaktisch mit Licht.
Kunststil	Minimal-Art
Wichtiges Werk	„Monument 7 für Tatlin" ist das erste Exemplar einer insgesamt 39 Werke umfassenden Serie. Die Plastik zeigt einen symmetrischen Aufbau, wobei die aufsteigende, an eine Rakete erinnernde Anordnung der sieben kaltweiß leuchtenden Röhren als sinnbildliche Anspielung auf das Werk Tatlins - der Bildhauer baute Flugmaschinen, die nicht fliegen - zu verstehen ist. Das Werk besteht aus 7 Leuchtstoffröhren, die auf einen Metallrahmen montiert sind. Größe 300 x 58 cm
Was ich mir von dem Künstler merken will	Amerikanischer Objektkünstler, der Leuchtstoffröhren zu Lichtobjekten verarbeitet. Die Röhren sind entweder raum-dimensionierend angeordnet oder an den Wänden. Sie erzeugen diffuse Lichträume.

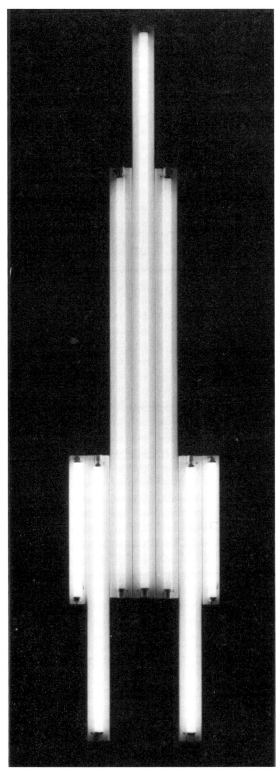

Dan Flavin: Monument 7 für V. Tatlin, 1964/65, Leuchtstoffröhren, 300 x 58 cm, Museum Ludwig, Köln

Josef Albers • Arman • Hans Arp • Francis Bacon • Enrico Baj • Ernst Barlach • Georg Baselitz • Max Beckmann • Willi Baumeister • Joseph Beuys • Max Bill • Peter Blake • Christian Boltanski • Botero • Constantin Brancusi • George Braque • Alexander Calder • Marc Chagall • Paul Cézanne • Christo und Jeanne-Claude • Chuck Close • Giorgio de Chirico • Anthony Cragg • Robert Delaunay • Jim Dine • Otto Dix • Jean Dubuffet • Marcel Duchamp • Salvator Dalí • M. C. Escher • James Ensor • Max Ernst • Errò • Dan Flavin • Lyonel Feininger • Lucio Fontana • Ernst Fuchs • Paul Gauguin • Alberto Giacometti • Richard Hamilton • Duane Hanson • Keith Haring • Hans Hartung • Erich Heckey • David Hockney • Rebecca Horn • Edward Hopper • Hundertwasser • Robert Indiana • Jasper Johns • Alexej Jawlensky • Wassily Kandinsky • Anselm Kiefer • Edward Kienholz • E. L. Kirchner • Paul Klee • Yves Klein • Konrad Klapheck • Imi Knoebel • Käthe Kollwitz • Jeff Koons • Henri Laurens • Fernand Léger • Sol LeWitt • Roy Lichtenstein • Richard Lindner • Wilhelm Lehmbruck • Markus Lüpertz • Heinz Mack • René Magritte • Marino Marini • Marisol • Franz Marc • Henri Matisse • August Macke • Mario Merz • Joan Miró • Amadeo Modigliani • Paula Moderson-Becker • Piet Mondrian • Henry Moore • Giorgio Morandi • Edvard Munch • Gabriele Münter • Bruce Naumann • Ernst Wilhelm Nay • Barnett Newmann • Emil Nolde • Claes Oldenburg • Alfonso Ossorio • Pablo Picasso • Michelangelo Pistoletto • Jackson Pollock • Fabrizio Plessi • Sigmar Polke • Robert Rauschenberg • Man Ray • Arnulf Rainer • Gerhard Richter • Bridget Riley • Mark Rothko • Niki de Saint Phalle • Kurt Schwitters • Oskar Schlemmer • Schmidt-Rottluff • Richard Serra • Daniel Spoerri • Frank Stella • Wayne Thiebaud • Jean Tinguely • Günther Uecker • Victor Vasarely • Wolf Vostell • Andy Warhol • Tom Wesselmann • Wols

1. Informiere dich anhand von Kunstbüchern, Kunstzeitschriften, Katalogen, im Museum, bei Experten oder per Internet über einen Künstler, der im 20. Jahrhundert gelebt und gearbeitet hat. Die Liste mit bedeutenden Namen kann dir bei der Auswahl helfen.

2. Sammle Bild- und Textmaterial und stelle deinen Lieblingskünstler in deiner Klasse vor. Das Beispiel einer Schülerin über den Künstler Dan Flavin zeigt dir, wie man das Thema übersichtlich mit einer Wandzeitung darstellen kann.

Stelldichein vor dem Rathaus

Wie schnell sich mit den Zeiten auch die Menschen verändern, stellt man fest, wenn man alte Fotos anschaut. Auch Orte sind dem Wandel der Zeit unterworfen. Von einer Generation zur anderen wechseln z. B. Städte ihr Erscheinungsbild. Steigende Bevölkerungszahlen, erhöhtes Verkehrsaufkommen, der Fortschritt und der Zeitgeschmack sind nur einige Gründe dafür.

Für die Bürger sind Veränderungen an ihrem Wohnort manchmal umstritten. Nicht alle halten Neubauten immer für gelungen. Teilweise leiden auch die Bedürfnisse der Allgemeinheit darunter. Hier sind die Bürgermeister mit ihren Stadt- bzw. Gemeinderäten gefordert, sachkundige städteplanerische Entscheidungen zu treffen.

Wie sich das Bild einer Stadt verändert,
dargestellt am Rathaus von Kaufbeuren.

Diese Zeichnung hat der Kaufbeurer Bürger Andreas Schropp am 9. April 1848 angefertigt anlässlich der ausgestellten Deutschen Nationalfahne auf dem Dach des Rathauses.

Das alte gotische Rathaus wurde baufällig. Der berühmte Baumeister Hauberisser erstellte von 1879 bis 1881 den Neubau.

Am 20. Juni 1960 zerstörte ein Brand das Bauwerk. Man diskutierte damals lebhaft die Neugestaltung. Das Rathaus sollte sich in die mittelalterliche Umgebung gut einfügen.

Der Platz vor dem Rathaus ist ein wichtiger Mittelpunkt in der Altstadt. Hier kann man den Einzug Kaiser Maximilians beim historischen Tänzelfest sehen.

Dokumentiere Veränderungen in deinem Heimatort.

Platz zum Wohnen – Platz zum Leben

Friedensreich Hundertwasser (1928 – 2000), ein Künstler aus Wien, beschäftigte sich neben Malerei und Grafik auch eingehend mit Architektur. Sein Hauptanliegen war der verantwortliche Umgang mit der Natur.

Hundertwasser präsentierte Grubenhäuser, Spiralhäuser, Augenschlitzhäuser und Hochwiesenhäuser, die dem Menschen Lebensraum bieten und gleichzeitig die Natur schonen sollten. Er schlug begehbare Grasdächer, bewaldete Dachgärten, Kletterpflanzen und Bäume, die in vorspringenden Erkern der Häuser wachsen sollten (so genannte Baummieter) vor, um langweilige, öde und unmenschliche Bauweisen zu kurieren. Hundertwasser verabscheute gerade Linien, er schmückte seine Bauten mit Fenstern, Toren, Türmen, Säulen und Brunnen, die er fantasievoll mit bunten Farben gestaltete. Eines seiner bekanntesten Projekte ist das umgestaltete Wohnhaus in der Löwengasse in Wien.

Hundertwasser Architekturmodell
Grubenhaus, 1974
(Modellbau Peter Manhardt)

Hundertwasser Architekturmodell
Spiralhaus, 1974
(Modellbau Peter Manhardt)

1. Betrachte die Architekturmodelle von Hundertwasser und sprich mit deiner Klasse über die Vorschläge.

2. „Alles was waagrecht unter freiem Himmel ist, gehört der Natur."
Beschreibe anhand der Modelle, wie Hundertwasser diese Forderung in seinen Bauten umsetzt.

Hundertwasser Architekturmodell
Baummieter, 1975
(Modellbau Peter Manhardt)

3. Hundertwasser forderte „Frieden mit der Natur". Überlege, was in einem Friedensvertrag zwischen Mensch und Natur stehen könnte.

Hundertwasser Architekturmodell, Kindertagesstätte Heddernheim, 1988 (Modellbau Alfred Schmid)

4. Betrachte das Modell für eine Kindertagesstätte und sprich mit deiner Klasse über den Entwurf.

5. Arbeite in der Gruppe einen Vorschlag für ein Haus aus, in dem sich Kinder besonders wohlfühlen. Stelle ihn anschließend anhand eines Modells dar.

Kosmetische Chirurgie

Wer hätte das nicht gern: Schön aussehen, ohne zum Schönheitschirurgen zu gehen. Die Nase ein wenig verändern, den Abstand zwischen den Augen verringern oder die Ohren verkleinern. Dies alles kann man heute am PC machen. Die digitalen Werkzeuge übernehmen diese Aufgaben ganz ohne Blutverlust und Risiko.

Du brauchst dazu neben einem Computer und einem Drucker auch einen Scanner und ein spezielles Programm, mit dem man Bilder oder Fotos verändern kann. Probiere aus, wie sich durch Veränderungen von Frisur oder Haarfarbe dein Aussehen verändert.

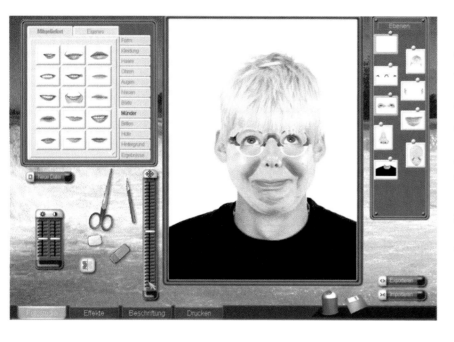

Durch Vertauschen, Entfernen, Hinzufügen, Vergrößern und Verkleinern von Bildteilen kannst du ein Bild manipulieren. Durch Verändern des Hintergrundes, der Umgebung, Zeit, Farbe und Beleuchtung kannst du täuschen.

Verfremdungen kann man mit digitalen Werkzeugen wie z. B. *Verzerren – Spiegeln – Wölben – Dehnen* vornehmen.

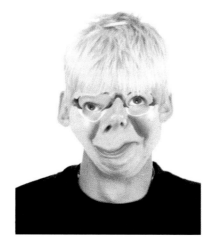

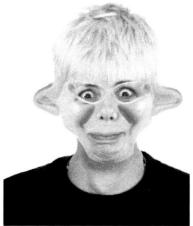

1. Verändere ein Passfoto von dir.

2. Du bekommst von deiner Brieffreundin ein Bild geschickt. Muss es der Wirklichkeit entsprechen?

3. Kann man im Zeitalter der digitalen Fotografie ein Foto als Dokument betrachten?

Manipulation in Bild und Film

Die tollste Klasse

Ganz still und brav hat sich 1935 eine Schulklasse fotografieren lassen. Stellt eure Klasse in einem Videoclip vor. Der Film soll für einen Wettbewerb verwendet werden. Damit ihr gewinnt, möchtet ihr euch vorteilhaft präsentieren.

1. Überlegt die folgenden Fragen in Gruppenarbeit:
– Welche Vorzüge können wir herausstellen?
– Welche Szenen können wir drehen?
– Welche Mitschülerinnen und Mitschülern repräsentieren uns vorteilhaft?
– Welche Dinge verschweigen wir besser?
– Welcher geeignete Drehort bietet sich an?
– Welche Aussagen über die Klasse machen wir?

Für euren Werbefilm braucht ihr inhaltliche Bausteine, z. B. Schülersprüche, Vorstellung der Mitschüler, Beschreibung des Klassenzimmers und der Schule, Erlebnisberichte über Feten, Schulveranstaltungen oder sonstige Highlights.

2. Sammelt mögliche Inhalte, schreibt sie auf Zettel und ordnet sie auf einer Stecktafel.

3. Überlegt euch vor dem Drehen auch filmtechnische Tricks wie Kameraeinstellungen, Beleuchtungs- und Spezialeffekte und sucht geeignete Musik zum Vertonen aus.

4. Schreibt einen Montageplan für den Ablauf des Films, der auch Ton und Kameraeinstellung beinhaltet. Hier ein Beispiel für einen möglichen Filmanfang.

Nr.	Inhalt	Kameraeinstellung	Ton	Kassette/Zählwerk
1	Filmtitel Alle Schüler der Klasse nehmen eine Siegespose ein.	halbnah keine Kamerabewegung	We Are The Champions	Band 1 ab 0000 - 0010 Musik vom Band
2	Übergang Klassensprecher stellt die Klasse vor: „Wir sind die Klasse 9 aus X."	Kamera zoomt den Klassensprecher heran und zeigt ihn in Großaufnahme	Sprechtext Titelsong wird leiser	Band 1 0010 - 0030 Musik vom Band
3	Jubel der Klasse Jeder überlegt sich eine Jubelgeste, bei der sein Gesicht und das des Nachbarns nicht verdeckt wird.	Schnitt: Halbtotale Der Schauplatz ist der Schuleingang, die Klasse steht wie auf einem gestellten Schulfoto.	Originalton der jubelnden Klasse wird immer lauter.	Band 1 0030 - 0050

Vogelperspektive   Vertonung

Einstellungsfolge   Einstellungsdauer

weicher/harter Schnitt   Totale   Halbtotale   Schwenk

Überblendung

Auf-/Abblende   Naheinstellung   Beleuchtung

Zoom   Kamerabewegung   Großaufnahme   Froschperspektive

Bildsprung   Detailaufnahme

5. Was bedeuten diese filmtechnischen Grundbegriffe?

6. Kann man mit Filmtricks einen Film manipulieren?

Papiertheater

Kann man mit Papier ein Theaterstück machen?
Man kann!

Die Bühne

Papierbahnen können
als Hintergrund (Kulisse)
für ein Theaterstück
dienen. Die mit Leisten
verstärkten Papierbahnen
werden an die Decke
gehängt. Ihr könnt auch
Wäscheleinen spannen
und das Papier wie
Wäschestücke aufhängen.
Auch der Bühnen-
vorhang kann aus
Papierbahnen bestehen.
Der Auftakt wird spannend,
wenn zuerst nur ganz
leise Papiergeräusche zu
hören sind. Ein Messer
durchschneidet von hinten
die Papierwand und die
Schauspieler haben einen
wirkungsvollen Auftritt.

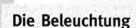

Die Beleuchtung

Die Spielszenen werden von vorne
mit Rampenscheinwerfern,
Punktstrahlern und eventuell mit
scharfem Scheinwerferstrahl
(Verfolger) beleuchtet. Buntes Licht
kann die Stimmung auf der Bühne
beeinflussen. Grünes oder blaues
Licht wirkt nächtlich und
gespenstisch, rotes gemütlich und
behaglich. Die Schauspieler
können sich auch selbst mit
Taschenlampen oder anderen
Lichtquellen beleuchten.
Ein geheimnisvolles Schattenspiel,
bei dem die Darsteller nur als
Silhouetten zu erkennen sind, wird
durch die Beleuchtung von hinten,
z. B. mit dem Tageslichtprojektor
ermöglicht.

Kostüme

werden selbstverständlich aus Papier hergestellt. Gefaltete oder schuppenartig überlappende Kostümteile aus verschiedenen Papiersorten und Tortenspitzen werden mit Kleber und Klebeband fantasievoll zu Kostümen verarbeitet. Hüte entstehen, indem Luftballone mit Zeitungspapier und Kleister in mehreren Schichten kaschiert und später verziert werden. Papierblumen können zum Kopfschmuck werden.

Der Ton

wird selbst produziert. Nehmt für bestimmte Szenen eine passende Hintergrundmusik oder Originalgeräusche auf, die ihr dann vom Tonband einspielt.

Mit Papier kann man auch Musik machen, z. B. auf einem mit Seidenpapier bespannten Kamm blasen. Oder ihr könnt mit selbst gebastelten Papiertrommeln und Tröten Töne erzeugen.

Spezialeffekte

Mit einer Nebelmaschine kann man beispielsweise eine Schneeballschlacht besonders wirkungsvoll gestalten. Von der Decke rieseln aus einem Behälter Papierschnipsel als Schnee. Mit selbst bemalten Dias könnt ihr auf einer Leinwand Lichtspiele veranstalten und die Zuschauer verzaubern.

Wetten dass . . .

. . . eure Abschlussfeier ein großer Erfolg wird, wenn ihr das Spiel aus dem Fernsehen aufgreift und mit euren Lehrkräften lustige Wetten abschließt?
Falls sie eure listigen Fragen und Aufgaben nicht beantworten können, müssen sie etwas tun, was schwer fällt!

1. Teilt die verschiedenen Aufgaben auf: Bühnengestaltung – Beleuchtung – Maske – Bühnentechnik – Moderation – Tontechnik – Einspielungen – Requisiten – Bildprojektionen – Spezialeffekte – Helfer hinter der Bühne, die für einen reibungslosen Ablauf sorgen usw.

Zur Abschlussfeier soll ein feierlicher Rahmen gestaltet werden. Hier hat eine Klasse die Idee eines Tores aufgegriffen. Die Schüler und Schülerinnen sollen durch einen „Triumphbogen" schreiten, ehe sie ihr Abschlusszeugnis in Empfang nehmen.

Für das Showprogramm müsst ihr euch etwas Besonderes einfallen lassen. Vielleicht gibt es eine Tanzgruppe oder einen Gesangstar, eine Schulband oder eine Rap-Nummer.

2. Sucht Symbole, die ihr für die Raum- oder Bühnengestaltung verwenden wollt und die dem denkwürdigen Anlass gerecht werden.

3. Wie könnte man dieses Tor bauen und dekorieren?

A Abblende
Im Film: Das letzte Bild verschwindet.

absurd
unmöglich, undenkbar, widersinnig, sinnlos

Architektur
Baukunst

Aufblende
Im Film: Nach einem Schnitt folgt das erste Bild eines neuen Themas

Autodidakt, autodidaktisch
eine Person, die sich eine Sache selbst beibringt

B Bildsprung
Im Film: Abrupter Übergang von einem Bild zum anderen.

Broadway
berühmte Straße in New York, mit vielen Musicaltheatern

C charakteristisch
typisch, zur Sache passend

D Deformation, deformieren
verunstalten, gewaltsam aus der Form bringen, zerstören

Detailaufnahme
kleine Einzelheiten werden in den Mittelpunkt gerückt, z. B. ein Goldzahn, eine Waffe oder ein heruntergefallener Gegenstand

diffuses Licht
nach allen Seiten ohne Bevorzugung einer bestimmten Richtung ausgesandtes (zerstreutes) Licht

F Froschperspektive
Aufnahme von unten

G Geste
typische Handbewegung, Gebärde

Großaufnahme
Gesicht von einer oder zwei Personen füllt den Bildschirm; gespielte Gefühle werden so besonders gut sichtbar

H Halbtotale
Ausschnitt aus dem Gesamtschauplatz, Einzelheiten sind noch nicht gut erkennbar

I Improvisation
eine ohne jede Vorbereitung, aus dem Stehgreif hervorgehende Handlung

K Kinetik/kinetische Kunst
(von griech. *kinein* = in Bewegung setzen) Kunstform bei der Licht, Zeit und Bewegung als Gestaltungsmittel miteinbezogen werden

Komposition
überlegte Zusammenstellung, Vereinigung von formalen und inhaltlichen Elementen zum Kunstwerk

O Ornament
in sich geschlossene Verzierungsform, im Gegensatz zum Dekor

P Polypropylen
Kunststoff

R Requisiten
Zubehör zu einem (Schau-)Spiel

Rhythmus
Aufgliederung von zeitlichen Prozessen nach wiederkehrenden Momenten, z. B. der Atemrhythmus

S Sachzeichnen
exakte, naturgetreue Darstellung von Gegenständen

Schnitt
harter/weicher Schnitt: Art und Weise, wie in einem Film von einer Szene zur nächsten übergegangen wird; ein weicher Schnitt ergibt sich z. B., wenn aufeinander folgende Bilder eine Gemeinsamkeit haben, ein Stein ähnelt vielleicht der Form eines Kopfes und wird durch eine Überblendung in den Film gebracht

Schwenk
Kamerabewegung von links nach rechts;

Signal
optisches oder akustisches Zeichen mit bestimmter Bedeutung

stilisieren
vereinfachen, auf das Wesentliche hin erfassen

Symbol
Sinnbild, konkretes Zeichen für Inneres, Übersinnliches und Irrationales in Kunst, Religion und Literatur

T Totale
Im Film: Gesamtaufnahme; Überblick über den Gesamtschauplatz der Handlung

U Überblendung (Fading)
Im Film: Ein Bild wird durch ein nächstes „hindurch" gezeigt.

V Verdichtung
eng aneinander gezeichnete Linien treten vermehrt an einer Stelle des Bildes auf, ein dunklerer Ton entsteht

Vignette
eigentlich „kleine Weinrebe"; rankende Verzierung, Umrahmung

Vogelperspektive
im Film: Luftaufnahme; Aufnahme von oben

Z Zoom
Im Film: stufenlose Veränderung der Brennweite; man holt die Motive nah heran oder lässt sie wieder „zurückfahren"